INTRODUCTION

A LA RÉIMPRESSION

DE LA

PRINSE DE TEROUANE

ET HÉDIN

ET DE LA BATAILLE DE RENTI

PAR

M. L. ALVIN

Conservateur en chef de la Bibliothèque royale de Belgique

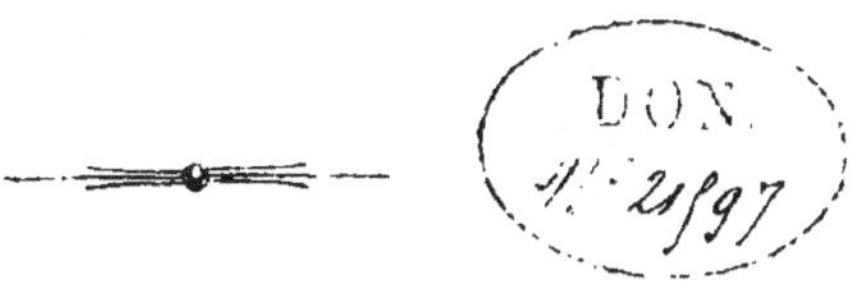

PARIS

IMPRIMERIE DE J. CLAYE

RUE SAINT-BENOIT

1874

INTRODUCTION

Le livre dont nous donnons, après plus de trois ſiècles, une ſeconde édition, n'eſt pas d'une bien grande importance hiſtorique : il n'ajoute rien aux annales de l'époque dont il s'occupe ; il n'offre point un mérite littéraire qui commande de le tirer de l'oubli ; il ne peut point être conſidéré comme un monument conſtatant le degré de culture que les Belges du xvıᵉ ſiècle avaient donné à la langue françaiſe : il eſt écrit par un étranger, une ſorte d'aventurier, Grec de naiſſance. Quels peuvent être les titres qui l'ont recommandé à l'attention de la Société & ont déterminé celle-ci à en entreprendre

la reproduction? Le premier de tous,
c'eſt ſa rareté : on ne connaît de ce livre
qu'un ſeul exemplaire, conſervé à la Bibliothèque nationale de France, ce qui
permet de ſuppoſer que le nombre des
perſonnes qui l'ont lu eſt infiniment
petit. Les faits qui y ſont rapportés :
la deſtruction de Thérouanne, la priſe
& le ſac d'Heſdin, & enfin la bataille de
Renty, ſont des événements d'une grande
importance, qui ſe ſont paſſés dans notre
pays ou à nos portes, ils forment le der-
nier acte des luttes que notre Charles-
Quint eût à ſoutenir contre ſon brillant
rival François Ier, & dont l'empereur ſortit, la plupart du temps, avec avantage.
Ce nous ſera donc une occaſion ou, ſi
l'on aime mieux, un prétexte pour mettre
au jour certains documents qui regardent
les hommes & les choſes de ce temps.
Enfin, un intérêt aſſez vif de curioſité
s'attache à la perſonne de l'auteur du
livre. Un myſtère difficile à pénétrer en-
toure l'exiſtence de ce Marchet qui s'in-

titule *Seigneur de Samos* (Defpota Sami)
& qui affiftait, dans l'armée des Impé-
riaux, à la droite du Comte de Suartf-
bourg, à la bataille de Renty. Une réu-
nion de bibliophiles belges pouvait faire
affurément un choix moins judicieux.

I

Parlons d'abord du volume en lui-
même, de la manière dont il a fait fon
apparition dans le monde. Il y avait été
précédé, à bien peu d'intervalle, par un
frère aîné, de langue latine, imprimé,
comme lui, à Anvers, chez Jean Bellère,
en l'année 1555. En voici le titre exacte-
ment figuré :

DE MORINI
quod Terouanā vocant,
atque Hedini expugnatione, déqͭ prælio apud Rentiacum, & omnibus ad
hunc vſque diem vario euentu

inter Cæſarianos & Gallos
geſtis, breuis & vera
narratio.
Iacobo Baſilico Marcheto,
Deſpota Sami Authore.

(La marque de l'imprimeur)

ANTVERPIÆ
Apud Ioannem Bellerum
ſub inſigni Falconis
M. D. LV.
Cum priuilegio.

Ce petit volume, de ſeize feuillets, de
vingt & une lignes à la page, n'a point
de pagination. Il eſt mentionné en ces
termes dans la *Bibliothèque hiſtorique de
la France,* tome II, page 228, édition
de 1769.

" 1762. De Morini, quod Theruanam
vocant, & Hedini expugnatione, deque
prælio apud Rentiacum, & omnibus inter
Cæſarianos & Gallos ad annum 1555, [Va-
rio euentu [geſtis] narratio & dialogus,

Jacobo Bafilico Marcheto, Defpota Sanii,
Auctore. Antverpiae, Plantin, 1555,
in-8°.]

» Cette hiftoire eft auffi imprimée dans
Schardius, au tome II de fon recueil des
Hiftoires d'Allemagne, page 1803, Bafi-
leae, 1574, in-fol. »

Le P. Le Long n'a certainement pas eu
l'intention de reproduire avec une rigou-
reufe exactitude le titre de l'ouvrage ;
mais fon texte préfente des variantes trop
confidérables pour qu'on puiffe les accepter comme le réfultat d'un manque d'attention : on pourrait prendre pour une
faute d'impreffion le mot *Sanii* fubftitué
à *Sami;* mais comment expliquer le nom
de Plantin remplaçant celui de Bellère?
Y aurait-il eu deux éditions du texte latin dans la même année? Cela n'eft guère
admiffible en préfence des termes précis
du privilége imprimé au verfo du titre :
Ne quis hoc opufculum præter Joannem
Bellerum in Cæfaris dominio imprimat,
alibive impreffum intra biennium inter

*promercales habeat, cæſarea ſanƈione
cautum eſt. Antverpiæ XXVIII februarii 1554, ſtilo Brabantico.*

Bellère & Plantin ont quelquefois été
aſſociés pour certaines publications : l'au-
raient-ils été pour celle-ci? Dans ce cas,
ils auraient pu ſe partager le tirage, met-
tant le nom de l'un ſur une partie & celui de l'autre ſur le reſte des exemplaires.
Quoi qu'il en ſoit, Brunet ne connaît
qu'une édition. Le *Manuel du libraire*
reproduit le titre avec plus d'exaƈitude,
mais cependant d'une manière incomplète ; il copie le n° 27759 du catalogue
de la bibliothèque de Van Hulthem ; il
cite l'exemplaire acheté 13 francs à la
vente de mademoiſelle Anne-Thérès-Ph.
D'Yve. Or c'eſt celui-là même qui fait
aujourd'hui partie de la bibliothèque
royale de Belgique. Il avait paſſé dans les
mains de l'illuſtre profeſſeur de la faculté
de médecine de l'Univerſité de Louvain,
Henri-Joſeph Rega, puis dans celles de
Jean-Baptiſte Verduſſen, échevin de la

ville d'Anvers, mort en 1773. Enfin, en 1782, dans celles de M. H. Van den Block [1].

1. Malgré l'extrème rareté de ce livre, la Bibliothèque royale de Belgique en poffède trois exemplaires, à favoir : celui qui a appartenu à la comteffe d'Yve ; un fecond faifant également partie du fonds Van Hulthem, & relié avec deux autres ouvrages fe rapportant aux conquêtes de Charles-Quint, imprimés auffi chez Jean Bellère & dont voici les titres : 1° *Rerum a Carolo V Caefare Augufto in Africa geftarum, &c. Authorum Elenchum, è quorum monumentis hoc opus conflat, fequens pagella indicabit, 1555.* — 2° *De rebus a Carolo V Caefare Romanorum imperatore geflis, Joannis Michaëlis Bruti Oratio, 1555.*
Le troifième exemplaire a appartenu à la bibliothèque du prieuré de Rouge-Cloître, il eft auffi relié avec deux autres ouvrages dont voici les titres ; le premier : *Obfidionis Magdeburgi, antiquae ac inclytae Saxonum urbis..... per Sebaflianum Beffelmeierum cujus urbis civem, &c.... Bafileae, anno M. D. LII.* Le fecond : *De Tungris & Eburonibus aliifque inferioris Germaniae populis, Huberti Thomae Leodii commentarius, &c.... M. D. XLI.* Ad finem *Argentorati apud Vendelinum etc.*
Une particularité doit être fignalée à propos de l'exemplaire dont il eft parlé en fecond lieu ; c'eft que le privilége porte la fignature imprimée de *Facuez,* qu'on ne trouve pas fur les deux autres. C'eft d'ailleurs la feule différence que préfentent les trois exemplaires.

Si l'édition latine eſt rare, la traduction
françaiſe eſt rariſſime. On n'en connaît
qu'un exemplaire, nous venons de le dire.
Il ne nous a point été permis de le voir,
de le tenir entre les doigts, de le feuille-
ter, & nous allons le reproduire d'après
une copie exécutée à Paris. Ce n'eſt pas
que nous ayons négligé les démarches
pour obtenir la faveur du prêt; la diplo-
matie, notre légation à Paris, en a fait,
mais ſans ſuccès, la demande à la ſollici-
tation du gouvernement belge. Il a été
répondu par une fin de non-recevoir ab-
ſolue : le règlement interdit la ſortie du
territoire français aux imprimés de la Bibliothèque nationale. Nous avons toute
confiance dans la perſonne qui nous a
procuré la copie ; nous eſpérons donc reproduire fidèlement le texte ; s'il en était
autrement, nous ſerions reçus à nous en
laver les mains.

Le nom de Plantin figurant ſur l'édition en langue françaiſe avec la date de
1555, on peut regarder ce livre comme

un des premiers fortis des prefles de l'il-
luftre typographe d'Anvers. Le premier
qui ait été mentionné jufqu'à préfent : *La
infitutione di una fanciulla nata nobil-
mente*, porte deux dédicaces datées du
1ᵉʳ & du 4 mai 1555. L'avis au lecteur,
que l'imprimeur a mis en tête de l'opuf-
cule qui nous occupe, eft du 27 juin fuivant. On connaît encore quatre ouvrages
fortis, pendant la même année, de l'offi-
cine plantinienne :

— *Flores de L. Anneo Seneca tradu-
zidas de latin in romance caftellano, por
Juan Martin Cordero.*

— *Les obfervations de plufieurs fin-
gularités, & chofes mémorables trouvées
en Grèce, &c., par Pierre Belon.*

— *De la grandeur de Dieu & de la co-
gnoiffance qu'on peult auoir de luy par
fes œuures* (par Pierre du Val, évêque
de *Séez*).

— *Ariofte. Le premier volume de Ro-
land furieux, compofé en thufcan par
Loys Ariofte, Ferrarois & maintenant*

*mys en rime françoise par Jan Fornir
de Montaulban en Quercy* (cité dans le
catalogue de M. Tross, 1868).

Le célèbre imprimeur était poſſédé de
la manie de montrer ſes talents littéraires : il manque rarement l'occaſion de
s'adreſſer au lecteur, en proſe ou en vers :
il affiche même des prétentions à réformer l'orthographe, comme on peut le voir
dans l'avis au lecteur qui ſuit immédiatement la dédicace de l'auteur au roi Philippe II. Plantin ſe poſe en précurſeur de
M. Merle, *combien qu'il ſoit certain que
pluſieurs mépriſeront ſes avis.* Cette ſorte
de manifeſte n'eſt pas le document le
moins curieux de notre publication.

II

Diſons un mot des événements que
Marchet a voulu rapporter comme oculaire témoin. Si l'auteur ne nous apprend
rien de neuf, les faits qu'il raconte dans
l'Élégant & gratievs dialogve (*ele-*

gans & feſtivus dialogus) ont, pour les Belges, un grand intérêt national : le théâtre de ces luttes, c'eſt notre territoire d'aujourd'hui ou le domaine de nos ſouverains au xvie ſiècle ; la deſtruction de Thérouanne a été dans les temps modernes un défaſtre comparable à la priſe de Troie.

« Il eſt peu de ſiéges plus célèbres que celui de Thérouanne par les troupes de Charles-Quint, » liſons-nous dans un excellent travail que M. Piers a inféré au tome II (1832) des *Archives hiſtoriques & littéraires du nord de la France & du midi de la Belgique*. Thérouanne, une des douze cités de la deuxième Gaule Belgique & capitale de la Morinie, eſt peutêtre la ville la plus célèbre de la Flandre & de l'Artois, par ſon antiquité, ſon importance de longue durée, les grands événements dont elle fut le théâtre, ſes ſiéges nombreux & ſes malheurs. «

« Un fait très-remarquable, ajoutet-il, dans la deſtinée de cette cité, c'eſt que, depuis la conquête qui en fut faite par les Mérovingiens, elle n'a jamais ceffé d'appartenir à la France ; quoiqu'elle fût enclavée dans les terres des comtes de Flandre & d'Artois, elle ne dépendait d'eux en aucune manière, ne reconnaiffant point d'autre maître que le roi de France, & le petit territoire qui dépendait de cette ville s'appelait, à caufe de cela, la *Régale*. »

' Il n'eft pas tout à fait exaɔ̌t de dire que, depuis la conquête des Mérovingiens, Thérouanne n'a jamais ceffé d'appartenir à la France. Ces chofes-là s'écrivent affez facilement de l'autre côté de la frontière, mais, de ce côté-ci, nous réclamons la permiffion de les reɔ̌tifier. Sans doute, les fouverains français ont prefque conftamment maintenu leur domination à Thérouanne ; mais cette gênante enclave a été fouvent difputée & quelquefois enlevée par les comtes de Flandre au puiffant monarque qui fe proclamait leur fuzerain. M. Piers lui-même l'a conftaté, notamment en ce qui regarde l'expédition de Maximilien, en 1486. Toujours les princes flamands ont eu à cœur de fe débarraffer de ce voifinage incommode. C'eft ce mobile qui détermina Charles-Quint à en finir une bonne fois. Suivant M. Piers, « le vieil empereur voulait perfuader à fes ennemis qu'il était encore capable de fe faire craindre, & Thérouanne, la capitale des Morins, fi fameufe dans toutes les hiftoires par fon antiquité, par fon importance & parce que la Belgique la nommait : *Le loup dans la bergerie,* Thérouanne qui était alors une très-belle ville, à l'extrémité de l'Artois, lui parut un théâtre glorieux & propre à donner cette redoutable conviction à la France. »

Dans le deffein qu'il conçut & qu'il accomplit d'expulfer le loup de la bergerie, le vieil empereur n'était point dominé par une vaine gloriole, il était mû par des confidérations plus pofitives. L'échec qu'elles avaient fubi fous les murs de Metz n'avait point détruit le preftige des armées impériales à ce point qu'il fallût abfolument une réhabilitation. Charles-Quint devait pourvoir à la fécurité de fes États héréditaires aflez mal couverts du côté du midi. Il n'ignorait point que la place de Thérouanne, *ce nid de brigands,* comme l'appelaient les Flamands, était, fuivant le mot de François Ier, l'un des deux oreillers (l'autre était Arcq, en Provence) fur lefquels les rois de France pouvaient dormir en paix. Mais il devait favoir par expérience que, lorfque les fouverains de France peuvent dormir en paix, ils ne refpectent point volontiers le fommeil de leurs voifins.

Si Thérouanne était l'oreiller des rois de France, Hefdin était le féjour de prédilection des comtes de Flandre de la maifon de Bourgogne. C'eft dans le château & le parc de cette localité que Philippe le Bon avait raffemblé ce que le luxe pouvait produire de plus merveilleux à cette époque; c'eft là qu'il recevait les rois, les princes & les princeffes. Nous pouvons aifément nous faire une idée des agréments que le bon duc offrait à ses hôtes illuftres; un compte exhumé des archives de Lille, & que M. de la Borde a compris dans le volume des *Preuves,* nous édifie complétement à cet égard. Sous la direction d'un artifte dont le nom eft par-là fauvé de l'oubli, le château & fes galeries avaient été décorés de peintures dont malheureufement il ne fubfifte rien. Mais Colard le Voleur n'était pas feulement un peintre habile, il était ingénieur, architecte, mécanicien. Il avait imaginé une foule d'engins plus ingénieux les uns que les autres, & en avait femé les jardins & les galeries du château. Ces inventions n'étaient point toutes du goût le plus délicat; mais c'était le goût du temps, & l'on en rencontrait encore de femblables, dans les premières années de notre fiècle; témoin le parc de Wefpelaer. Ainfi les gracieufes châtelaines qui fe promenaient dans les jardins du château d'Hefdin pouvaient fe trouver tout

à coup en préfence de perfonnages ingé-
nieufement machinés qui *vuident eau &*
mouillent les gens quand l'on veut, ou bien
barbouillent de noir la face de l'impru-
dent qui pofe le pied fur un reffort caché;
d'un ermite qui *fait pleuvoir tout par-*
tout & auffi tonner & néger & auffi efcle-
ter comme fi on le voyoit au ciel. Un
jeune page cherchait-il un abri contre la
pluie ou le foleil, une trappe bafculait
& le précipitait dans un fac d'où il fortait
tout emplumé. Des rois, des reines ont
goûté ces plaifirs, & l'augufte époufe de
Louis XI, dans le féjour qu'elle fit à Hefdin, a pu reffentir les furprifes que fai-
faient éprouver aux perfonnes de fon
fexe les jets cachés qui *mouillent les da-*
mes par deffous. Ces fortes de gentil-
leffes ont eu longtemps le privilége de
beaucoup divertir nos bons aïeux.

Il n'eft point furprenant que les rois
de France aient convoité un féjour auffi
enchanteur; il ne l'eft pas davantage que
Charles-Quint eût éprouvé le défir de le

reprendre à fon tour, dût-il, pour rentrer en poffeffion de cette partie du domaine de fes pères, s'expofer à devoir détruire la ville & le château, ce qu'il fit.

III

Quel eft le véritable nom de l'auteur de ce livre? Cette queftion paraîtra fingulière, puifque lui-même l'infcrit au titre de l'édition latine qui porte les mots : *Jacobo Bafilico Marcheto,* & à celui de la traduction françaife, où on lit : Par *Jacques Bafilic Marchet.* M. Alex. Henne, dans fon *Hiftoire du règne de Charles-Quint en Belgique,* le range parmi les écrivains belges [1]. Le P. le Long, dans l'ouvrage cité plus haut, n'indique point fa nationalité, il lui confacre quatre lignes qui font connaître les derniers événements de fon exiftence vagabonde & fa fin tragique [2]. Jérôme Hennings de Lunebourg,

1. Tome V, page 42, note au bas des pages 42 & 43.
2. « Cet auteur, après avoir mené une vie auffi cri-

dans fon livre intitulé *Quarta monarchia continens fereniſſimorum regum Hifpaniœ, Ungariœ vicinorumque familiarum, &c.* (Magdebourg, 1598), nous explique & fa nationalité & l'origine du nom de Marchetus en ces termes : « Jacobus, qui & Heracliden & Bafilicum fe nominavit, natione Græcus ab antiquis Regulis Walachiæ genus fuum repetivit, feque infularum in Ægæo Sami defpotam, Parique Marchionem nominavit. Pulfo Alexandro fucceſſit in Moldavia & Walachia beneficio Alberti Lafci, Philipponij & Laſſocij Polonorum. Anno Chrifti 1561, profuſis largitionîbus a Solymanno impetravit tandem, ut in occupato Moldaviæ principatu pro more confirmaretur. A fuis Walachis hominibus improbis fraude circumventus, occiditur

minelle que vagabonde, fe fit reconnaître pour Vaïvode de Valaquie, & fut affaſſiné par fes fujets, le 5 novembre 1563, un peu moins de deux ans après qu'il fe fut rendu maître de cette principauté. » *Bibl. hiſt. de la France,* page 228, tome II.

5 ix^bris An. Ch. 1563. Princeps Græcè, Italicè, Gallicè & Latinè doctus, moriturus Walachis libera oratione beneficia fua exprobravit, & Deum vindicem precatus eft, vultu liberali, ftatura non magna, robufto corpore, capillo nigro, lingua diferta » (page 409). C'eft donc d'un titre de marquis que lui avait conféré l'empereur qu'il s'était fait un nom patronymique.

Jean Leunclavius, qui avait connu l'aventurier, en parle plus longuement.

« C. 1561. Anno DCCCCLXVII Jacobus quidam, natione Græcus, qui & Heraclidis, & Bafilici cognomen ufurpans, ab antiquis Valachiæ regulis genus fuum repetebat, feque infularum in Ægæo, Sami Defpotam, Pari Marchettium five Marchionem vocabat, apud quofdam Poloniæ proceres, quibus innotuerat, tantum efficere potuit, uti complurium corrogatis auxiliis, inter quos principes erant, Albertus Lafcus, Philippovius, Laffocius, in Moldaviam armata manu deduceretur.

Erat tum ejus regionis princeps, cum titulo Defpotæ, Alexander; ob inauditam quamdam immanitatem erga fuos infamis. Hunc numerofo inftructum exercitu, Lafcus longe copiis impar, fundit, fugat, Moldaviæ regno pellit : totamque ditionem, armis domitam, Jacobo poffidendam tradit. Victus prælio fuit tyrannus Alexander die XVIII novembris. Jacobus Moldaviæ defpota factus profufis apud Portam largitionibus, a fultano Soleimane impetravit ut in occupato principatu pro more confirmaretur. »

« C. 1563. Anno DCCCCLXIX, Jacobus Defpota fuis a Valachis, hominibus improbis, fraude circumventus, ut elabi non poffet, die V novembris occiditur. Hoc memorabile, quod moriendum fibi videns, nullum abjecti animi fignum dedit : fed inductus amictu regio, vultu intrepido, oratione libera, bene recteque geftam ab fe rempublicam, multaque fingularia beneficia Valachis fuis exprobravit; Deum precatus vindicem, uti perfidiam & ingratitudinem barbaræ gentis ulcifceretur. Equidem adolefcens hominem vidi & novi prius, quam in Poloniam proficifceretur. Vultu præditus erat liberali, ftatura non magna, robufto tamen, nervofoque corpore, capillo nigro, lingua diferta. Rebus in omnibus quamdam præ fe ferebat dignitatem. Norat fane quam eleganter Græce, Latine, Italice, Gallice. Commemorari & alia de hoc poffent, quibus fuperfedendum, quod hujus non fint loci. »

(Annales fultanorum Othmanidarum a Turcis fua lingua fcripti, &c. Joannes Leunclavius latine redditos illuftravit & auxit ufque ad annum MDXXCVIII. Francofurti MDLXXXVIII. Pag. 104.)

Ce récit fe trouve prefque en entier dans un livre imprimé à Bruxelles, en 1728, chez Jean Van Vlaenderen, près de la Steen-Porte, à Saint-Bernard, foûs le titre : *Les impofteurs infignes, &c., &c.,* par Jean-Baptifte de Rocoles, hiftoriographe de France. On y lit : « Leunclavius, dans fon fupplément des annales turques, met fur le tapis cet homme, qui *(fic)* raconte l'avoir vu & connu, & dit qu'il avoit une mine fort noble, qu'il étoit d'une taille médiocre, d'un corps fort robufte & nerveux, qu'il étoit difert dans fes difcours, & qu'il poffédoit fort bien les quatre langues, la Grecque, Latine, Italienne & Françoife. Il fe nomma Jacques Heraclide & Bazilidez, fe difoit être de la race des anciens Defpotes ou Vaivodes de Valachie & Moldavie, feigneur de l'île de Samos, & *Marchet* ou *Marquis* de celle de Paros en l'Archipel. Il trouva des feigneurs Polonois affez crédules pour ne pas paffer pour impofteur dans leur efprit, lefquels furent tellement portés d'affection pour fa perfonne qu'ils l'établirent, les armes à la main, Defpote de Moldavie & de Valachie. Les principaux de ces feigneurs Polonois furent Albert Laffeus, Philipponifchi & Laffochi : leur armée étoit fort inférieure en nombre à celle d'Alexandre Defpote, qu'ils entreprenoient de dépouiller pour mettre cet impofteur à fa place. La victoire fut de leur côté, Alexandre fut chaffé & Jacques établi Defpote & confirmé en fa principauté par l'empereur Soliman, par le moyen de préfents qu'il fit au Pacha de la Perfe. Cette victoire arriva le 18 novembre de l'an 1561. Mais trois ans après, quoiqu'il gouvernât affez doucement fes fujets, étant foupçonné d'être impofteur, les Valaques le maffacrèrent de fang froid. Il prit les ornements de fa dignité, fe préfenta à la mort, & leur fit de grands reproches de leur cruauté. »

Cette fin le réhabilite un peu ; mais tous ces hiftoriens font bien peu renfeignés fur la partie de l'exiftence de cet homme à laquelle fe rattache le livre dont nous nous occupons. Cette exiftence criminelle dont parle le P. le Long, refte un myftère. Comment un pareil perfonnage avait-il un commandement dans les armées de Charles-Quint? Quel rôle a-t-il joué dans notre pays? Comment avait-il obtenu la protection de l'empereur? Il avait des détracteurs à la cour, il en convient dans l'épître qu'il adreſſe à Philippe II en lui dédiant ſon livre. Il ne nous a pas été donné de percer le voile épais qui couvre la première partie de la vie de cet aventurier. Hammer, qui avait à ſa diſpoſition les archives impériales de Vienne pour écrire ſon hiſtoire de l'empire ottoman, n'a utiliſé que les documents qui ſe rapportent à la période de la vie de Jacques Baſilic qui eut les principautés danubiennes pour théâtre. C'eſt la biographie la moins incomplète que nous puiſſions mettre ſous les yeux de nos lecteurs. Nous empruntons la traduction de **M. J.-J.** Hellert, publiée à Paris, en 1836.

« Pendant ces démêlés ſur les frontières de Hongrie, des événements d'une plus grande importance ſe paſſaient en Moldavie. Le prince régnant de ce pays, Alexandre, en fut expulſé par un aventurier, qui, d'abord ſoutenu ſecrètement par Ferdinand (empereur des Romains), finit par être publiquement reconnu par la Porte. Jean Bafilicus, né à Candie, d'un capitaine de navire, fut adopté par Jacques Heraclides, qui s'était arrogé le titre de defpote de Samos, Paros & autres îles de la mer Égée. En vertu de cette adoption, l'empereur Charles-Quint non-feulement reconnut Bafilicus comme defpote de Samos & Paros (poffeffions fur lefquelles cependant lui-même n'avait aucun droit), mais encore il le fit palatin & lui conféra le pouvoir de nommer des docteurs, des protonotaires & des poëtes couronnés. Bafilicus entretint une correfpondance avec Mélanchthon ; il publia à Wittemberg un ouvrage hiftorique en latin, & éleva, avec le confentement de l'empereur, quelques poëtes au rang de poëtes couronnés. Il fe rendit enfuite, par la Pologne, en Moldavie où il fe fit paffer d'abord pour un parent de la princeffe Roxandra, époufe du prince régnant. puis pour un defcendant des Héraclides,

ancienne dynaftie de princes moldaves,
en produifant, à l'appui de cette préten-
tion, un arbre généalogique qu'il avait
lui-même fabriqué. Cependant, forcé de
s'enfuir, il fe retira en Pologne chez Albert Laferky, palatin de Siradie, qui lui
avança dix mille ducats pour lever des
troupes. Il échoua dans fa première ten-
tative contre le trône de Moldavie, mais
il réuffit dans la feconde, qui fut foute-
nue fecrètement par Ferdinand (10 novembre 1562)[1]. Accompagné de feize
cents cavaliers, il parvint, après quelques efcarmouches, à expulfer le voïévode
Alexandre. Le grand vizir Ali-Pacha re-
procha cette invafion à Bufbeck, & le
fultan s'en plaignit par une lettre auto-
graphe, que le tfchaoufch Mohammed
porta à Prague, & à laquelle Ferdinand
répondit par d'autres récriminations.
Alexandre s'était réfugié à Conftanti-

1. « Litteræ Cæfaris ad Jacobum Bafilicum Heracli-
dem, defpotam Sami, Paros & Moldaviae voivodam.
Pragae, 3 februarii. » Aux Archives I. R.

nople ; mais il y était venu les mains vides, tandis que les envoyés de fes adverfaires s'étaient trouvés en mefure d'offrir à la Porte quarante mille ducats au lieu du tribut ordinaire de trente mille ; grâce à cette augmentation, Bafilicus fut reconnu voïévode de la Moldavie & invefti par un tfchaoufch ottoman du chapeau & du glaive, de la maffue & du kouka. Bientôt, un autre tfchaoufch lui apporta l'ordre de congédier une partie de fes troupes étrangères & de les réduire à trois cents lanciers hongrois & à trois cents gardes du corps. Le voïévode fe foumit de fi bonne grâce à cet ordre, qu'il fut foupçonné de l'avoir lui-même provoqué. Mais cette mefure ne contribua pas à le rendre populaire, non plus que les exactions fans nombre qu'il commit pour remplir fon tréfor, & les innovations avec lefquelles il bouleverfa les anciennes coutumes du pays ; c'eft ainfi qu'il prit un grand candélabre d'argent à un couvent pour en faire de la monnaie, qu'il impofa aux habitants une contribution d'un ducat par tête, qu'il apporta des reſtrictions à l'uſage généralement reçu du divorce & punit la bigamie de mort ; d'un autre côté, il appela les Allemands Sommer & Gaſpard Peucer, gendre de Mélanchthon, pour organiſer une école, & fonda une bibliothèque. Il fit répandre le bruit par ſes affidés qu'au matin du jour de Noël, trois anges portant trois couronnes d'or lui étaient apparus, comme préſage de ſa domination future ſur trois royaumes (la Moldavie, la Valachie & la Tranſylvanie) ; lui-même ſe mit ſur la tête une couronne d'or & changea ſon nom de Jacques contre celui d'Ivan, plus populaire en Moldavie. Cependant les boyards, revenus de leur effroi, complotèrent l'aſſaſſinat des ſoldats hongrois & des colons allemands, appelés malgré eux dans leur pays. Ils réuſſirent à faire partir les premiers pour la frontière, en répandant la fauſſe nouvelle d'une invaſion des Tartares ; les ſeconds, pour la plupart ouvriers tirés du fond de l'Allemagne, furent fimultanément affaffinés par tout le pays. La fille naturelle du defpote fut tuée dans fon berceau, fa mère reléguée dans un couvent ; les femmes des partifans d'Ivan, qui s'étaient enfermées avec lui à Suczawa, furent toutes maffacrées ; des Arméniens, coupables feulement d'avoir prié pour fon falut, furent pourfuivis avec un acharnement implacable. Les trois chefs principaux des conjurés, Bernowsky, Moczog & Stroitza, conférèrent la couronne à un certain Tomza, ancien infpecteur des magafins du defpote. Celui-ci, craignant la rivalité de Démétrius Wifchnjewetzki, hetman des cofaques, l'attira dans le pays, le fit prifonnier ainfi que fon lieutenant Piafek, & les envoya tous deux à Conftantinople, où ils périrent fur le gibet. Au troifième mois du fiége de Suczawa, un fandjak turc arriva avec cinq cents hommes, & fomma le defpote de fe rendre, en lui offrant un fauf-conduit. Bien qu'il fe méfiât de cette propofition, Ivan fe vit

contraint de l'accepter par les démonſtra-
tions menaçantes de la garniſon de la
place. Après avoir en peu de mots repro-
ché à ſes troupes leur lâche parjure, il
monta à cheval & ſortit de la ville. Con-
duit devant Tomza, celui-ci le tua d'un
coup de maſſue (9 novembre 1563). »

Ces mêmes événements ſont racontés
avec quelques détails nouveaux dans un
ouvrage publié à Paris, en 1844, *La Ro-
manie, ou hiſtoire, langue, littérature, &c.,
des peuples de la langue d'or, Ardialiens,
Vallaques & Moldaves, &c., par J. A.
Vaillant, fondateur du Collége de Bucu-
reſci, &c., &c.*

On y lit cette appréciation du tyran
Alexandre détrôné par notre aventurier.
« Déjà dans toute la Moldavie ce n'eſt
plus que ſang, larmes, miſère, déſeſpoir,
anathèmes ; on ne voit plus de tous côtés
que des malheureux, errant à l'aventure,
ſans pouvoir toujours tendre la main à la
pitié publique ; des hommes étendus ſur
la route, les mains & les pieds coupés,

des femmes, des enfants, fans nez & fans oreilles, des aveugles auxquels le bourreau vient de crever les yeux. Partout des martyrs qui ont préféré la mort à l'apoftafie. Tant d'horreurs femblent rendre la route facile à qui veut parvenir au trône. »

Le règne de Jacques Bafilic eft jugé très-favorablement par cet écrivain. « Du jour de fon inftallation, il ne fe paffe pas un inftant qu'il n'emploie au bien du pays. Après avoir rétabli l'ordre, il fonde à Cotnar une univerfité & une bibliothèque, appelle auprès de lui Gafpar Peucer, gendre de Mélanchthon, le Marshal, Zomar & Joachim Retice, profeffeur de mathématiques à Cracovie, & femble vouloir faire comprendre au pays que, las de la guerre & des maffacres, il doit en chercher l'oubli dans la paix & l'étude. Mais les boïers, livrés tout entiers à leurs jaloufies de famille, à leurs haines de partis, lui laiffent à peine le temps de commencer fon œuvre; entraînés par les difcours féditieux du hatman Toms'a

(Thomas), ils excitent, à leur tour, le peuple à la révolte, & le peuple, féduit par leurs menfonges, fe porte en foule au palais en pouffant des cris de mort. »

Les détails de la mort du voïévode ne font pas en tout point conformes à ceux qu'on lit dans l'ouvrage de Hammer. « A la vue d'un fi grand danger, Jean Bafile conferve toute fa préfence d'efprit, & voulant mourir en prince, revêt les infignes de fa dignité & reçoit les affaffins avec une attitude ferme & impofante. »

N'eft-ce pas là un perfonnage digne d'être recommandé aux romanciers? Un vafte champ eft ouvert à leur imagination pour remplir les nombreufes lacunes de cette hiftoire. En réfumé, ce Bafilic, ce Marchet, cet Ivan était un des nombreux condottieri que les princes belligérants prenaient à leur folde. Il y en avait d'autres dans l'armée de Charles-Quint & dans celle de fon adverfaire qui ne valaient guère mieux, bien qu'ils portaffent des noms devenus illuftres.

Si le mets que nous offrons aux gour-
mets littéraires eſt un peu maigre, nous
nous efforcerons de le ſervir de façon à
en relever le goût en accompagnant le
texte de Marchet de notes relatives aux
perſonnes & aux lieux.

La bibliothèque de Bourgogne eſt un
magaſin où nous pouvons puiſer à pleines
mains. Un recueil preſque contemporain
des événements rapportés dans ce dia-
logue nous permet de placer ſous les yeux
du lecteur les deſſins du ſiége de Thérouanne & de la bataille de Renty ainſi
que le plan d'Heſdin. Nous empruntons
à un autre codice des documens relatifs
à la ſuppreſſion de l'évèché de Thérouanne. Nous pourrons également donner la liſte officielle des tués, des bleſſés
& des priſonniers du ſiége de Heſdin.
Grâce à cet accompagnement, ce dia-
logue des morts, renouvelé des Grecs,
deviendra peut-être un document hiſtorique.

———

www.ingramcontent.com/pod-product-compliance
Lightning Source LLC
LaVergne TN
LVHW050109060726
842524LV00003B/1015